GENEALOGIA DAS MULAS

Marília Kosby

CB029399

Conheça melhor
a Biblioteca Madrinha Lua.

editorapeiropolis.com.br/madrinha-lua

GENEALOGIA DAS MULAS

Marília Kosby

EDITORA Peirópolis

São Paulo, 2022

EDITORA **Renata Farhat Borges**

COORDENADORA DA COLEÇÃO **Ana Elisa Ribeiro**

PROJETO GRÁFICO E DIAGRAMAÇÃO **Gabriela Araujo F. Oliveira**

REVISÃO **Mineo Takatama**

Dados internacionais de Catalogação na Publicação (CIP)
de acordo com ISBD

Kosby, Marília

Genealogia das mulas / Marília Kosby – São Paulo:
Peirópolis, 2022.

100 p.; 12 x 19 cm. (Coleção Biblioteca Madrinha Lua)

ISBN 978-65-5931-219-1

1. Poesia. 2. Literatura brasileira. 3. Poesia
contemporânea. I. Título. II. Série.

CDD 869.91

Bibliotecário Responsável: Oscar Garcia – CRB-8/8043

Índice para catálogo sistemático:
1. Poesia brasileira. 869.91

*Editado conforme o Acordo Ortográfico
da Língua Portuguesa de 1990.*   1ª edição, 2022

Editora Peirópolis Ltda.
Rua Girassol, 310f – Vila Madalena
05433-000 – São Paulo – SP
tel.: (11) 3816-0699
vendas@editorapeiropolis.com.br
www.editorapeiropolis.com.br

MISTO
Papel produzido a partir
de fontes responsáveis
FSC® C169512

▲ para mercedes,

que caçou e comeu todos os pássaros que pôde,
esculpindo nos ossos o esmagador desejo de voar
que brincou e lutou com serpentes peçonhentas
e cobras-cegas
e a quem jamais vi rastejar.
ao que com ela aprendi

▲ Poeta e mula

Mula de Deus
ESTAR SENDO. TER SIDO   Hilda Hilst

Conjurar no corpo do pampa

Renata Costa

Entre muares e outros híbridos, *Genealogia das mulas*, de Marília Kosby, é trabalho de poesia fértil e robusto. Ao se deslocar com domínio e fluidez pelas palavras, Marília promove repuxões no leitor a cada novo ponto no qual trata do ser, de todes, de muitos híbridos que conformam este mundo.

Corpos de abelha, de mulheres, de homens, corpos negros, lésbicos, existindo na contraluz do tempo da peste atual, vivendo as monstruosidades políticas com óbvias intenções de nos engolir e aniquilar para fora deste tempo. Em tudo cabe poema.

Para mim, mulher e negra do meio urbano do sudeste brasileiro, ler a obra me transportou para o "extremoso, extremíssimo sul extremo". Ao evocar Luiz Carlos Barbosa Lessa[1] em sete distintas epígrafes, Marília se inscreve no rol de uma literatura sobre o pampa a partir da continuidade e da criação de chaves e fissuras próprias.

Nas narrativas mitológicas adoradas por minha Mãe, de
Teseu a Belerofonte, a quimera e o minotauro são
monstros que, ao serem mortos, criam os heróis[2].
Tais corpos híbridos, corpos mestiços em nosso
contexto, são pontos nodais onde se articulam
o trauma e a violência e sobre os quais se erige
a nação. Ao revelar e recriar as histórias desses
corpos e de sua presença, Marília segue o rastro
do sangue e da presença de populações distintas
neste pampa, para assim desvelar com suas
palavras muitos mundos.

Há continuidade e recuperação de uma dimensão deste
tempo de composições e arranjos violentos, de
memórias submersas, a partir da imaginação
e do acréscimo de densidade à descrição do espaço
do corpo e da terra.

Esse tempo da peste ou da pandemia é desfiado pela poeta
como lugar de aprofundamento da produção de
medos, do morrer de modo furtivo, aleatório e
não menos criminoso pelo qual o inominável
nos conduz, a partir de uma libido mortal, para
caminhar rumo ao precipício e ao fim, e ao nada,
para onde muitos brasileiros de fato caminharam,
mortes que já são e poderiam não ter sido.

Ao tatear as palavras para tratar de realidades da morte,
da repugnância, do erotismo e da fronteira e
suas multiplicidades contidas nas experiências
corporais de pessoas, insetos, árvores, a poeta cava
espaço de diálogo com o tempo das expropriações,
das grilagens, dos corpos que tombam, do temor

de outras e outros lidos como incompletos, impróprios e, ao mesmo tempo, descritos como fortes, úteis, domesticáveis, matáveis.

O erotismo inaugura a possibilidade de criação do cotidiano e de uma vida que pauta possibilidades repletas de prazer e de encanto a partir da partilha do desejo. Logo fazem sentido, e por essa razão retomo as palavras de Audre Lorde quando afirma que "não existe uma diferença entre escrever um bom poema e caminhar ao sol junto ao corpo de uma mulher que eu amo".

Ao narrar mulheres que tecem, avós, e ancestrais em contato com o erótico, um fino véu sobre essas vidas é movido, a fim de mostrar aquilo que a história ocultou para imaginar o que terá sido vivido e experimentado na solidão dos dias das vidas das mulheres comuns.

O tempo da criação ainda é analógico, nos exorta Marília. Ao lado da abundância de tecnologia e volatilidade, há a produção de escassez e de fome entre a população brasileira atual, em uma crise que entrelaça clima, política, racismo e sexismo.

Ao tocar em temas como aborto legal e extermínio da população negra, a poeta mantém uma lente para o passado, com distintas testemunhas do tempo, de modo a produzir reflexão que se movimenta para um polo distinto do agora.

A figueira que comparece no poema me levou a rememorar os sentidos em torno da *nsanda*, uma figueira da

África centro-ocidental, espécie que tem cerca de oitenta milhões de anos e que acompanha como testemunha histórias de vida sendo feita e desfeita ao redor do globo.

Desse caleidoscópio, extremidades anunciam caminhos possíveis, como nos versos de "outro poema": "limpar o ar que nos habita / torcer os olhos ao sonho / que nos anima", rotas de criar com ousadia, como ensinam Jota Mombaça e Musa Mattiuzzi ao narrar os impactos da violência colonial como ponto de partida, mas não horizonte, de nossa presença no mundo.

Modelando palavras e um vocabulário no qual estão inclusos insetos, práticas de plantio, remédios, toma forma de modo não linear um texto sobre o corpo da terra do pampa, que na sua singularidade reflete o país e o mundo.

O submerso, o não lugar, o não contado é acionado a partir da imaginação, do humor e do plantio do erótico, do prazer dos dias ainda não roubados pela destruição do tempo presente.

Habitar o tempo dos poemas de Marília é um exercício profundo de desvelar ilusões construídas sobre corpos híbridos, sobre as mulas originais, companheiras, as bases desse garimpo das palavras promovido pela poeta na elaboração zelosa de suas letras.

Temos diante de nós a genealogia desses corpos, de linhagens entrelaçadas como liquens, associando-nos de modo mutualístico. Temos nós, os híbridos, compondo uma taxonomia singular, tal qual os muares que perduram e se transmutam no tempo e na história.

▲ *Renata Costa é historiadora, mestra em ciências sociais, crítica de cinema. Criadora de rotas com mulheres negras entre Brasil e África por meio de projetos desenvolvidos pelo grupo Raízes do Sapê e pesquisadora de mulheres negras e povos tradicionais. Mãe, preta e macumbeira.*

1 Uma das chaves por meio das quais encontrei os temas de Luiz Carlos Barbosa Lessa foi o artigo de Jocelito Zalla: As aventuras de Aré no mundo de Blau Nunes: vozes indígenas na obra de Barbosa Lessa. *Boitatá* – Revista do GT de Literatura Oral e Popular da Associação Nacional de Pesquisa e Pós-Graduação em Letras e Linguística (Anpoll), Londrina, n. 12, p. 62-80, jul.-dez. 2011.

2 Teseu torna-se herói ao matar o minotauro em seu labirinto, e a quimera é morta por Belerofonte, também fazendo dele herói a partir de sua morte. Na mitologia grega, parte dos seres tornam-se heróis matando híbridos associados à barbárie, ao desejo, à beleza e ao medo.

ᗩᗩᗩ 1 ᗩᗩᗩ

Retire, dos lotes ao campo, uma égua que esteja bem próxima a dar cria, e prenda-a no curral. Quando o filho nascer e já estiver se amamentando, mate-o, sem que a mãe veja.[3]

3 Luiz Carlos Barbosa Lessa. Receita para fazer mulas. In: *Rodeio dos ventos*. Porto Alegre: RBS; Editora Globo, 1978. p. 38.

as mulas sem estirpe
mulas sem pedigree
bestas vindas do nada
gerações interrompidas
linhagens picoteadas
mulas sem igual

a que ponto outro chegaríamos?
o café o leite a carne o açúcar
o ouro o fumo a cal e a pedra
no lombo de mulas tolas
bem mais belas do que as burras
módicas e fortes mulas, como negro algum
como égua alguma
estoicas

como explicar
com palavras deste mundo
que partiu de mim um barco

malungo
partiu de mim um barco
levando-me
e era um malungo

Inveja dos bichos
pedra granítica fundamental
a fundacional
– afundada no lamaçal
dessa civilização furreca

animalizar os invejados
a admoestação alfabetizadora
desse processo domesticatório
feroz

as árvores que ainda estão
de pé ninguém nunca
as encontrou trepando

Apago meu fumo curto

no resto de chá de camomila dentro da xícara

estilo anos 70 me faz lembrar

das xícaras de minha vó

e de zezé

zezé tomava café

por horas a fio

fazia croché

pra esquecer

o cio

e tricô

pra esperar o

frio

zezé tomava café

por horas a fio

e dizia

o segundo nunca

é igual ao primeiro
e bordava em cruz
pra não pensar
no único

As barbas e as botas
do gato caçador de gente
em chamas em santo amaro
são rastros

as chamas são rastros
das mulas
desmioladas todas

as mulas sem cabeça
ateiam outras fogueiras

território de Mãe Preta

Fosse o coração da árvore carne
eu beberia o sol e a vocês sorriria
a verde luz

O coração da árvore é céu e sol
e fundo de terra
o coração da árvore bate
na sola de nossos pés
e faz a Terra girar

Mãe Preta, o sol não se esquece
de nós

Tombou uma árvore
sobre a estrada atrás de mim
muitas voltas do mundo atrás

mágoas, anáguas e falanges
destroçadas foi só
o que quem viu soube contar

lanhos de memória nos escapam
talhos de ternura confortam o caos
poderia ter sido o reincidente cometa
uma grande guerra

mas o estrago foi feito por
um singelo tronco
da árvore mais comum
cortando a estrada atrás de nós

eu não vi mas lembro
muito bem dos bichos
que não existem mais

dos povos aborígenes

tamborilando no cérebro

tumoroso de minha avó

dos dentes de porcelana dela

de seus dias de louça

numa cristaleira escura

da sua cabeça crua e o ar

tomado pelo pó dos engenhos

de arroz

de admirar imensamente alguém

que não se quer ser

sequer parecer

Gigantes
grandiosos
ícones generosos
os poetas
que deixam abertas
portentosas portas
às poetas mortas

2

Ao mesmo tempo, afaste do convívio com a respectiva mãe um jumentinho que tenha há pouco nascido.[4]

4 Luiz Carlos Barbosa Lessa, op. cit., p. 38.

Tudo está sendo visto
de muito perto
do mais terno fruto
ao torpe e velho mundo

estamos crescendo
míopes de nascença

eu menino tenho pena
de mim dormindo
o sono e a cor
dos órfãos

Não sonho com uma supercâmera
pra fotografar a superlua
quero o horizonte transparente
e essa velha implicante ao alcance
da espera

com que óbvia tristeza nos acerta o mais novo
cinco gê cabo de fibra óptica
ver a cara do presidente infinitas vezes na
                    velocidade da
luz indigna estuprar a paisagem

na constância dessa fria luz
antes de dizer te amo dizer 'fora tirano'
entre um silêncio e o teu nome, entre o teu nome
                    e aquele platô
'execro-te, nefando'

se não durmo, não sonho
se não sonho, não trabalho

ter o jardim do sonho invadido
por pegadas de chinelo raider
pisoteando as folhas de manjericão
até feder o fel das plantas
eis os porões deste tempo

Morreu o pai de uma amiga
um amigo meu morreu
uma família inteira, em gravataí

todos os pretos mortos
pela farda farta
fardo de suicidas

os livros que eu leio
alguns já morreram
os escritores

eu faço o quê?
sigo os protocolos sanitários
acordo no meio da noite
e vou revisar as bocas do fogão
(gás deveria ter cor)
estando todas fechadas
volto para a cama
e te acordo sem querer
só pra ver se era sono
o que te pesava os olhos

Vocês que pensam
que a Terra está cheia demais
porque essa gente preta e pobre
não para de se reproduzir
 – vocês que sonham
ardentemente com a volta
daquele tempo quando

oligofrênicos
parem de matá-los
cessem esse extermínio
essa sangria frigorífica
esse banquete de moscas

onde um vocês matam,
vis escrotos ignóbeis,
outras três nascem.
srs. pulhas, é uma lei
da natureza onde se ora, onde se chora
com quem se come

É uma lei da natureza, canalhas!

Que encontra – pusilânimes! – pulso

onde vocês, abjetos, apostam na morte!

Fazer um livro
esganar algumas árvores com
as próprias mãos

perturbar o sono honesto do cão
atravessando as madrugadas pela sala
acordar a mulher pássara de seu cansaço
alvorecendo a cama antes do sol

troquei a erva-mate uruguaia
por essa água barrenta
deixava-me as tulipas enlatadas as pupilas digo
dilatadas
as gengivas num fervor doloroso

veja, eu não faria um livro noturno

poeta experimental
com vida experimental:
dormir seria o êxtase

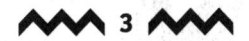 **3**

Cuidadosamente tire todo o coiro do cavalinho morto, e costure-o, sem deixar maior enrugamento, sobre o coiro do jumentinho; o qual está vivo, mas quase a morrer por falta de leite.[5]

5 Luiz Carlos Barbosa Lessa, op. cit., p. 38.

Muda já fui
surda já fui
cega
agora, desdobrável...
graça nenhuma me obsequiou
ser a mesa de centro
tropeçável
contornável

na bancada do jornal nacional
o bacana de barba cerrada
na cara e gravata encarnada

paroxetina e menos televisão

extremoso, extremíssimo sul extremo

não calculava a profundidade
na qual lhe haviam enterrado os tesouros,
os dentes e um velho
jeito conhecido de torcer os olhos

sabia que naquela manhã os negros
feiticeiros acorrentados às raízes expostas
ao tempo trariam à tona seus fantasmas
emudecidos pelas andanças vertiginosas
que a presença do passado faz

luz da claraboia na sombra da
senhora que se contorce em
golpes que o esquecimento lhe confere
são os tempos negros no centro
de uma cidade sem periféricos

nada soa tão pontual
quanto o chamado a devorar:

os bigodes devoram os sorrisos
as figueiras devoram sangue

sombras centenárias, as figueiras
são bocas imensas:
ovelhas e potes de ouro

quantos anos tem essa areia
quanto tempo já terá vivido essa terra preta
as paredes de sal ruíram e do lado de fora
agora só no inverno é que se vê do ouro
tão logo vira palha a selva filamentosa
e previsível do arrozal

mandou enterrar a filha
ainda viva sob a soleira da porta
para que eternamente lhe cruzassem
por cima o amante caixeiro
viajante ao contrário das figueiras

mataram afogado no sangue que vertia
do matadouro. até hoje ainda ouvem...
ouve-se alguma coisa

cortaram a língua daqueles escravos
aqueles ali debaixo da figueira
cortaram-lhes as línguas para que jamais
contassem em qual chão estavam acomodadas
as perpétuas preciosidades

transfigurada, os olhos a enxergarem por dentro
a velha cala e o que não pode
não fala os tambores
já se fizeram entender

outro poema

tudo o que vocês sabiam
suar e nada
num calor de 20 graus
suar e nada

nada adiantará sermos milhões
se povoado o mundo já está
permanecer ao pé da corredeira
a ode e a vespa hospedeira
não comprimir o peito até não
existir
solução para os males
do mundo que julgamos
conhecer

limpar o ar que nos habita
torcer os olhos ao sonho
que nos anima
contamos com quase nada
tudo nos carrega
por simples vocação
tradicional

 **4**

Solte o jumentinho no curral. A égua, ao reconhecer-lhe a pelagem, virá alegre afagá-lo. Desconfiará do cheiro, mas, ao perceber que o animalzinho lhe procura tão desatinadamente as mamas, terminará aceitando amamentá-lo.[6]

6 Luiz Carlos Barbosa Lessa, op. cit., p. 39.

luz de abril

restamos poucas
nós que nem éramos muitas
aqui ficamos nós
tínhamos o sol e os dias de frio
nós que tanto esquecemos
o que era ser alguém
preso às amarras da escolha

entrever por onde virá
o próximo golpe
entreter-se pelas vias do desprezo

a realidade de meia dúzia de verdades
o fim de quase todas as dúvidas

chegou a hora
de ir morar onde o tempo fez meu ninho
eu que nasci pra ser rastro
vou morrer sem saber o fim dessa estrada

mal contada história

dos que as raízes defenestram

homem mulher menines pandorga

pouco chão

muito céu

mão à palmatória

linha do trem

e demais vícios

de uma linguagem exausta

muar demiurga

e o sol nasceu de um ser bem pequeno
cujo sexo fora definido pelo tempo
de exposição ao chão, o chão da Terra

excrescemos de realidades muito
vastas, bem mais vastas que a luz do
sol sobre a Terra, a face da Terra

um ser a quem o peso importa quanto
importa aos trens
mouro preto como os homens mouros
menos do que como os cavalos
mouros

de rompante veio
de rompante se apagou o sol
nasceu assim décadas de
quase séculos atrás

era a cavalaria, era uma frota de
máquinas, um rebanho de bichos
ensandecidos, a exuberância de um
faisão por entre as grades

uma pedrinha sob o rolo
compressor. Era daqueles nacos
de beleza que só a loucura
deixa ver dobrados uns sobre os outros
detrás de cada temporal
era o corcoveio dos dias
que nasciam já pateando
o impossível

era a vida parando
rodeio e as gentes estourando
a tropa

Eram feras muito antigas
eu não sei como aqueles homens
deixaram o mato chegar tão perto das casas

Maracha é uma palavra quase minha
e o que se cavou de maracha
ninguém saberá contar
quanto se plantou entre as marachas

Era uma ave tão grande
Vestíamos óculos, vendamos os olhos do cão.
Um dinossauro a minha mulher apontava e eu
dizia não aponta que não
presta.

A cadela aquela o rabo em riste,
as partes expostas na calçada na praça, os
cães a lamber
o que os homens comiam

era uma fome exuberante

saía pelos olhos

botavam pelos olhos a fome

fausta assolava as panças

doravante veste as carcaças

Conforme a sombra nos dirão
se conhece a hora
de não saber o nome dado
aos jataís
por gente que passa por aqui

metros e mais metros de tule
pra não se perder o sol
e velar-se das moscas
e suas línguas de carniça

assim conforme vira o sol
sabem as velhas rachar a carne do pêssego
um pouco menos sabem os guris
sobre abelhas e ferrões

tambor triste

folha verde
grão do pó
tambor triste
nó da flor

criei o rosto que vejo
com boas intenções
e gosto escasso

tambor triste
canção de paz
e amor de mais

duas jiboias

quando penso em minha primeira namorada
invade-me de imediato a última

tomamos chá com biscoitos
e pão com linguiça da colônia e queijo
de mesma origem e goiabada e bolo
de rolo lambuzado de nata
as peras e maçãs de cera ornando ora a mesa
pipoca adoçada no mel e uma galinha
morta se necessário

duas jiboias depois do almoço
esticamos os couros da barriga
estiradas no sol da hora inequívoca

nessa maravilha de cenário
minha primeira namorada pensa em mim
e vagarosamente me visitam vagas
lembranças da fome
do pó e olores fedegosos

∿∿ 5 ∿∿

*Quando estiverem habituados um ao outro, ou
quando o coiro postiço cair, faça-os voltarem ao
lote e diligencie para que o jumento cresça vendo
como é que o garanhão procede para cobrir
as éguas de seu lote.*[7]

7 Luiz Carlos Barbosa Lessa,
op. cit., p. 39.

nascemos num estábulo
como o menino jesus
com a sua roupinha rota
azulzinha

cólera

a água pode acabar
com tudo

pão com merda

merda é um palavrão para o senhor também?
pois para mim é dos mais feios nomes
pelo movimento que para dizê-lo
a boca é levada a fazer
amo falar camoatim, pelo mesmo motivo
motor ao revés

o pão neste poema é meramente figurativo
como tem sido nas muitas mesas sobre as quais
repousam
menus de ifood, smartphones, o feed do uber eats
de gente com fome e sem sinal

na merda e com fome
de fones na fossa do tutorial
do auxílio emergencial

e a gente doente e com fome
ora, quem dera fosse um clown
vivêssemos a sátira do juvenal

uma lona como nosso teto

as panelas descansadas sobre

o fogão soando cheiros bons

caia o lacaio do cão
ensebe o chão do desbunde
da sebe não saia e chafurde
a sordícia que nos desejam ele
a milícia, o clã

das palavras deleitosas
aleijamos a ponta da
língua, o alfabeto
a boca e o palato por completo
chupando cajus, caquis
lambemos sabão
e ranço

eu quis ir pra rua
ser um cisco
no olho da rua

e fui
tarde
ser sangria desatada
sob o sol da tarde

Ousei chamar o ontem por seu nome
próprio e à chama de uma vela
interminável dissequei o agora
cheio dessas flores
de petróleo impávido

impossível saber quem somos
quantos somamos lábaros
se o fúlgido final nos quer
nos braços penhor de amanhãs

dos testes nucleares sob os oceanos
ao turismo espacial
um colosso de péssimas ideias
e o princípio da busca por vida
na poesia contemporânea à grilagem
dos astros

sardas

tua pele salta

entre ser parda ou alva

tardas

reparo no que será ao certo

fundo ou traço no teu retrato

falho

ᨃᨃ 6 ᨃᨃ

Quando o jumento chegar à condição de procriar, lace o garanhão e, com afiada faca, dê-lhe um corte longitudinal naquele músculo que apoia a peça em ereção. Com essa operação, o cavalo não ficará castrado, continuará inteiro, mas a ereção será inconsistente, sem rumo, por metade, impedindo a ejaculação no correto objetivo.[8]

8 Luiz Carlos Barbosa Lessa, op. cit., p. 39.

onde é que nós estamos

a testosterona de ciro pulverizada
sobre o sertão da babilônia
ascensão e queda
do cabra da pérsia

o ícone que nos matou
a fome se autoproclama
não mais um homem
mas uma ideia

enquanto as crianças no sinal
vendem às nossas lombrigas
balas de goma

os profetas morrendo pela boca
e o mitômano dando um giro de moto
pelo planalto

ância"

tripas na boca
de quem fala pelo
prazer de gerar conteúdo

coices na rara hora
de ranger discurso –
dentes de gafanhoto carnívoro

citar dom dos
grandes cérebros em
crânios mínimos
.
comuns

e arrancar das células a memória
da maldade?

uma pele ilesa
saiba quem não traja
uma pele ilesa
esconde do mundo
mas não esquece
um passado rubro

o sangue péla

boca

o cuspe ao

sol desata o

ronco da

ave à espera

cega de

saber o no

me de

deus no

ovo da ex

finge ser ca

ça no calabou

ço eu não

faria de algo

dão o chão de dor

mir algoz

antes do gado
eram milhões de veados
saltitando pela pampa
querida

antes de tanto gado
exterminaram os veados
e as veadas
para que as vacas e os touros
os bois e os centauros
viessem comer o pasto
sobre o qual cagam

esqueçam a cura prometida
o antídoto, o soro
a vacina que não vem

"vaga-lumes brilham a treva"

eu quero é uma droga forte
fabriquem uma droga de boa
viagem de ida e volta

sobremaneira
            quantas vezes
o verme vem ao mesmo
                    lastro
de carne
        podre ou não
eu quero os lábios vivos entre
                    secos e molhados
não virás   não
                    virás e quem vai
me obrigar a querer outra coisa
outra coisa tátil
                    perto
                        minha

7

É claro que o garanhão pastor continuará com o poder de manter as éguas sempre unidas ao seu redor. Mas, a partir daí, somente alcançará despertar-lhes o cio, excitando-as, sem poder completar a cobertura. Para isso é que entra em cena o jumento e soluciona o impasse. Dá-se-lhe o nome de hechor, que quer dizer trabalhador.[9]

9 Luiz Carlos Barbosa Lessa, op. cit., p. 39.

a mulher como a terra

veias e vasos sanguíneos

não amaram a pílula anticoncepcional

úteros, ovários, vaginas

taxados por cara liberdade

não amam o diu

como não se pode amar uma trombose

aborto, nós não amamos

necessário é, mas não conheço quem ame

corpo algum

essa mal-acabada construção que somos

sempre aberta a reparos

repare no falo

irreparável obviedade

da criação

emérito prócer dos últimos

estertores da macheza

tesa às custas

dos nossos corpos

nossas regras

aborto legal salva

deveras inúmeras vidas

muitas das quais não estariam em risco

não fosse o látex um metal pesado

e o condón uma tecnologia

tão grotesca, tão invasiva, tão

cheia de efeitos colaterais

Já me quebrei toda
os dois braços de uma vez
e a cara por consequência
as mãos fraturadas empurrando o chão em vão
quebrei a cara
dos colegas e os cascos no chão
pedrento de minas
me esfolei no ouro toda
trago quebrado um pulmão

o sangue um oceano
rasgando a pangeia

deslumbre de horrores
qual não é o alçapão de maravilhas
ampliou-se o mundo
cacos de américa do sul pra cá
flancos de áfrica bem pra lá

ampliou-se o mundo

multiplicaram-se os precipícios

e os obstáculos

à revelia nós

nunca mais paramos

de refazer aquele continente só

sob a sola de nossos pés

os cascos duros de mulas sobre

dias de mentira

com teresa sobre
a mesa o tresoitão
com teresa entre
os bagos fio desencapado

sem teresa o fundo
do rio é
chão sem teresa o cão
defeca flores

em teresa seis
balas em teresa pelo
cano de teresa passam
reto os gases
tóxicos pela boca
de teresa líquido

aos pés de teresa de
joelhos na mira
de teresa o tresoitão
do soldado de baixa patente tem

nome de mulher e cospe

na cara do filho o terço duro prega

na mesma cruz onde se vê

ditar

Plantar as mãos na terra preta
burlando a ordem das fertilidades
plantar as mãos em ti
O que daria de nós
sendo a lua crescente

Plantar as mãos na terra preta
porque é de noite
Plantar um pé na noite
porque te serenas

minha boca
educada e burra
esta que encontra guilherme zarvos
e "como vai o senhor?"

esta boca educada e burra
é a responsável
por eu estar assim
surda

Amontoam-se motivos

para se querer estar do lado

não entediado da Terra

onde tudo efervescência é

Eu sei, amiga

mas não morre agora

Espera a tua vez

Não fura a fila

lia um poema:
os buracos negros e as explicações
de onde vêm
enquanto progressivamente não vinhas
caía o mundo
voavam os bancos do jardim
despencavam as árvores
cães ganiam como
guris gritavam
como cães ganindo

enchias a barriga de água
no centro de porto alegre em meio ao temporal

te cuida que as árvores tombam
me espera com mate?
alguém anunciou lá embaixo
olha o arco-íris
a máscara

águas doces

choveu tanto
que a cidade perdeu seus esgotos
debaixo das pontes
sob agreste ignorância
dos anfíbios claustrofóbicos

fez tanto sol
que a saudade pôs os seus tapetes
nos muros
se esqueceu de habitar
os submundos da casa

posso prever o choro
estou aprendendo a adivinhar
a chuva o frio
as fugas
só não me alegra
saber da matéria
furta-cor amarela
das nuvens que te acompanham

no final das contas:
zero

finais felizes eram parte do
roteiro
roteiro de filme triste

hoje eu enlouqueci
mataria, se fosse bom
mataria, se prazer me desse
mataria o dia com tiros de
funda vesga

sem teto

tu poderias ser
duas horas da tarde
neste eterno relógio
de parede

e eu te chamar
de nomes feios
– todos os nomes
feios que eu conheço –
esperando a hora
de me deitar
no canto mais ao sul
do dia

eu poderia mesmo
te trazer pra morar
nos meus inventos
de leiva e santa fé
erupções na cútis
puída de um mundo
em bancarrota

eu poderia te
aninhar no parco
lirismo deste rancho
démodé

mas
se eu tivesse
as chaves de entrar
no meu próprio verso

a cuia às vezes desaba
esparramando erva pelo chão e eu deixo
as batatinhas quando nascem

szymborska conhece a guria negra
perdida entre os lustres de cristal
ambas se atreveriam no calor
das minhas mãos
que a poesia torna úteis

lorde e a cabala e eu
audre aqui sou nada
grafite em folha parda
lousa onde o léu se entalha

Poesia animal

Ana Elisa Ribeiro

A poesia de Marília Floôr Kosby foi uma recomendação.
É assim que aprendemos tantas coisas, inclusive
a ler e a gostar de obras literárias que não
conhecemos, que nos escapam, que não entram
em nosso radar porque o mundo é vasto, e a
poesia também. Os versos dessa poeta – do
descampado e dos animais – chegaram por
meio de um dedo apontado na direção de um
blog, de uma foto de capa de livro e de palavras
veementes que diziam "essa autora tem algo de
especial". De cá, simplesmente caí, me deixei ir,
conheci a poesia silenciosa de Marília, li seus
versos tentando ver uma nova paisagem, muito
diferente da minha, tão ondulada. No tom dela,
uma estranheza, um outro ambiente, além de
um modo peculiar de juntar os sons que eu
ouvia internamente, ao ler.

Ao conhecer este *Genealogia das mulas*, "partiu de mim
um barco", como diz a voz lírica neste volume,
que a mim soa grave, crítico, sério, o que rima

com necessário, honesto e incômodo, tal como a poesia pode ser, talvez até deva. Essa voz de Kosby fala de amor, de maternidade, de morte, de crueldade, de uma "civilização furreca", à qual provavelmente estamos presos, mesmo que desejemos nos salvar. É um livro forte, nada ameno, embora guarde brancos e silêncios ou negrumes e mugidos nas entrelinhas. Ler esta *Genealogia* transforma o olhar da gente. Várias vezes, ao passar pelos versos, pensei: "Uau, nunca havia pensado assim". Por menos tempo que isso dure, a transformação já aconteceu. Como diz a moçada, numa tradução precária do inglês: é sobre isso a poesia. Também.

Linhas de idas e vindas, cheias de vida e observação, o desgaste da voz lírica num mundo de consumo e cegueira, a força dos versos que tomam emprestado da natureza, das manadas, dos partos, dos corpos, do inumano, para metaforizar, fazer notar o desaforo que é estar entre humanos animalescos. *Genealogia* é mais uma peça importante desse conjunto.

A Biblioteca Madrinha Lua pretende reunir algumas das poetas que nos aparecem pelas frestas do mercado editorial, pelas fendas do debate literário amplo, pelas escotilhas oxidadas enquanto mergulhamos na literatura contemporânea. Já no final da vida, Henriqueta Lisboa, nossa poeta madrinha, se fazia uma pergunta dura, sem resposta previsível, em especial para as mulheres que escrevem:

"Terá valido a pena a persistência?". Pois então. Acho que todas se perguntam isso, mais cedo ou mais tarde. Não terá sido por falta de persistência e de uma coleção como esta, poeta, à qual se integra agora a voz visceral de Marília Kosby.

ÍNDICE DE POEMAS

FONTES **Eskorte e Ronnia**

PAPEL **Pólen bold 70 g/m²**

TIRAGEM **1000**